人力资源市场暂行条例

中国劳动社会保障出版社

图书在版编目(CIP)数据

人力资源市场暂行条例. -- 北京：中国劳动社会保障出版社，2018

ISBN 978-7-5167-3568-8

Ⅰ.①人…　Ⅱ.　Ⅲ.①劳动力市场-市场管理-条例-中国　Ⅳ.①D922.5

中国版本图书馆 CIP 数据核字(2018)第 167159 号

中国劳动社会保障出版社出版发行

(北京市惠新东街 1 号　邮政编码：100029)

*

三河市华骏印务包装有限公司印刷装订　新华书店经销

850 毫米×1168 毫米　32 开本　1.5 印张　33 千字

2018 年 8 月第 1 版　　2018 年 8 月第 1 次印刷

定价：6.00 元

读者服务部电话：(010) 64929211/84209101/64921644

营销中心电话：(010) 64962347

出版社网址：http://www.class.com.cn

目　　录

人力资源市场暂行条例
（2018 年 6 月 29 日） ………………………………（1）
司法部、人力资源社会保障部负责人就《人力资源市场暂行条例》答记者问 ………………………（11）
中华人民共和国就业促进法
（2015 年 4 月 24 日修正） ……………………………（16）
人力资源社会保障部　国家发展改革委　财政部关于加快发展人力资源服务业的意见
（2014 年 12 月 25 日） ………………………………（29）
人力资源社会保障部关于印发人力资源服务业发展行动计划的通知
（2017 年 9 月 29 日） ………………………………（37）

人力资源市场暂行条例

（2018年5月2日国务院第7次常务会议通过
2018年6月29日国务院令第700号公布）

第一章　总　　则

第一条　为了规范人力资源市场活动，促进人力资源合理流动和优化配置，促进就业创业，根据《中华人民共和国就业促进法》和有关法律，制定本条例。

第二条　在中华人民共和国境内通过人力资源市场求职、招聘和开展人力资源服务，适用本条例。

法律、行政法规和国务院规定对求职、招聘和开展人力资源服务另有规定的，从其规定。

第三条　通过人力资源市场求职、招聘和开展人力资源服务，应当遵循合法、公平、诚实信用的原则。

第四条　国务院人力资源社会保障行政部门负责全国人力资源市场的统筹规划和综合管理工作。

县级以上地方人民政府人力资源社会保障行政部门负责本行政区域人力资源市场的管理工作。

县级以上人民政府发展改革、教育、公安、财政、商务、税务、市场监督管理等有关部门在各自职责范围内做好人力资源市场的管理工作。

第五条 国家加强人力资源服务标准化建设，发挥人力资源服务标准在行业引导、服务规范、市场监管等方面的作用。

第六条 人力资源服务行业协会应当依照法律、法规、规章及其章程的规定，制定行业自律规范，推进行业诚信建设，提高服务质量，对会员的人力资源服务活动进行指导、监督，依法维护会员合法权益，反映会员诉求，促进行业公平竞争。

第二章 人力资源市场培育

第七条 国家建立统一开放、竞争有序的人力资源市场体系，发挥市场在人力资源配置中的决定性作用，健全人力资源开发机制，激发人力资源创新创造创业活力，促进人力资源市场繁荣发展。

第八条 国家建立政府宏观调控、市场公平竞争、单位自主用人、个人自主择业、人力资源服务机构诚信服务的人力资源流动配置机制，促进人力资源自由有序流动。

第九条 县级以上人民政府应当将人力资源市场建设纳入国民经济和社会发展规划，运用区域、产业、土地等政策，推进人力资源市场建设，发展专业性、行业性人力资源市场，鼓励并规范高端人力资源服务等业态发展，提高人力资源服务业发展水平。

国家鼓励社会力量参与人力资源市场建设。

第十条 县级以上人民政府建立覆盖城乡和各行业的人力资源市场供求信息系统，完善市场信息发布制度，为求职、招聘提供服务。

第十一条 国家引导和促进人力资源在机关、企业、事业单位、社会组织之间以及不同地区之间合理流动。任何地方和单位不得违反国家规定在户籍、地域、身份等方面设置限制人力资源流动的条件。

第十二条 人力资源社会保障行政部门应当加强人力资源市场监管，维护市场秩序，保障公平竞争。

第十三条 国家鼓励开展平等、互利的人力资源国际合作与交流，充分开发利用国际国内人力资源。

第三章 人力资源服务机构

第十四条 本条例所称人力资源服务机构，包括公共人力资源服务机构和经营性人力资源服务机构。

公共人力资源服务机构，是指县级以上人民政府设立的公共就业和人才服务机构。

经营性人力资源服务机构，是指依法设立的从事人力资源服务经营活动的机构。

第十五条 公共人力资源服务机构提供下列服务，不得收费：

（一）人力资源供求、市场工资指导价位、职业培训等信息发布；

（二）职业介绍、职业指导和创业开业指导；

（三）就业创业和人才政策法规咨询；

（四）对就业困难人员实施就业援助；

（五）办理就业登记、失业登记等事务；

（六）办理高等学校、中等职业学校、技工学校毕业生接收手续；

（七）流动人员人事档案管理；

（八）县级以上人民政府确定的其他服务。

第十六条 公共人力资源服务机构应当加强信息化建设，不断提高服务质量和效率。

公共人力资源服务经费纳入政府预算。人力资源社会保障行政部门应当依法加强公共人力资源服务经费管理。

第十七条 国家通过政府购买服务等方式支持经营性人力资源服务机构提供公益性人力资源服务。

第十八条 经营性人力资源服务机构从事职业中介活动的，应当依法向人力资源社会保障行政部门申请行政许可，取得人力资源服务许可证。

经营性人力资源服务机构开展人力资源供求信息的收集和发布、就业和创业指导、人力资源管理咨询、人力资源测评、人力资源培训、承接人力资源服务外包等人力资源服务业务的，应当自开展业务之日起15日内向人力资源社会保障行政部门备案。

经营性人力资源服务机构从事劳务派遣业务的，执行国家有关劳务派遣的规定。

第十九条 人力资源社会保障行政部门应当自收到经营性人力资源服务机构从事职业中介活动的申请之日起20日内依法作出行政许可决定。符合条件的，颁发人力资源服务许可证；不符合条件的，作出不予批准的书面决定并说明理由。

第二十条 经营性人力资源服务机构设立分支机构的，应当自工商登记办理完毕之日起15日内，书面报告分支机构所在地人力资源社会保障行政部门。

第二十一条 经营性人力资源服务机构变更名称、住所、法定代表人或者终止经营活动的，应当自工商变更登记或者注销登记办理完毕之日起15日内，书面报告人力资源社会保障行政部门。

第二十二条 人力资源社会保障行政部门应当及时向社会公布取得行政许可或者经过备案的经营性人力资源服务机构名单及其变更、延续等情况。

第四章 人力资源市场活动规范

第二十三条 个人求职，应当如实提供本人基本信息以及与应聘岗位相关的知识、技能、工作经历等情况。

第二十四条 用人单位发布或者向人力资源服务机构提供的单位基本情况、招聘人数、招聘条件、工作内容、工作地点、基本劳动报酬等招聘信息，应当真实、合法，不得含有民族、种族、性别、宗教信仰等方面的歧视性内容。

用人单位自主招用人员，需要建立劳动关系的，应当依法与劳动者订立劳动合同，并按照国家有关规定办理社会保险等相关手续。

第二十五条 人力资源流动，应当遵守法律、法规对服务期、从业限制、保密等方面的规定。

第二十六条 人力资源服务机构接受用人单位委托招聘人员，应当要求用人单位提供招聘简章、营业执照或者有关部门批准设立的文件、经办人的身份证件、用人单位的委托证明，并对所提供材料的真实性、合法性进行审查。

第二十七条 人力资源服务机构接受用人单位委托招聘人员或者开展其他人力资源服务，不得采取欺诈、暴力、胁迫或者其他不正当手段，不得以招聘为名牟取不正当利益，不得介绍单位或者个人从事违法活动。

第二十八条 人力资源服务机构举办现场招聘会，应当制定组织实施办法、应急预案和安全保卫工作方案，核实参加招聘会的招聘单位及其招聘简章的真实性、合法性，提前将招聘会信息向社会公布，并对招聘中的各项活动进行管理。

举办大型现场招聘会，应当符合《大型群众性活动安全管理条例》等法律法规的规定。

第二十九条 人力资源服务机构发布人力资源供求信息，应当建立健全信息发布审查和投诉处理机制，确保发布的信息真实、合法、有效。

人力资源服务机构在业务活动中收集用人单位和个人信息的，不得泄露或者违法使用所知悉的商业秘密和个人信息。

第三十条 经营性人力资源服务机构接受用人单位委托提供人力资源服务外包的，不得改变用人单位与个人的劳动关系，不得与用人单位串通侵害个人的合法权益。

第三十一条 人力资源服务机构通过互联网提供人力资源服务的，应当遵守本条例和国家有关网络安全、互联网信息服务管理的规定。

第三十二条 经营性人力资源服务机构应当在服务场所明示下列事项，并接受人力资源社会保障行政部门和市场监督管理、价格等主管部门的监督检查：

（一）营业执照；

（二）服务项目；

（三）收费标准；

（四）监督机关和监督电话。

从事职业中介活动的，还应当在服务场所明示人力资源服务许可证。

第三十三条　人力资源服务机构应当加强内部制度建设，健全财务管理制度，建立服务台账，如实记录服务对象、服务过程、服务结果等信息。服务台账应当保存2年以上。

第五章　监 督 管 理

第三十四条　人力资源社会保障行政部门对经营性人力资源服务机构实施监督检查，可以采取下列措施：

（一）进入被检查单位进行检查；

（二）询问有关人员，查阅服务台账等服务信息档案；

（三）要求被检查单位提供与检查事项相关的文件资料，并作出解释和说明；

（四）采取记录、录音、录像、照相或者复制等方式收集有关情况和资料；

（五）法律、法规规定的其他措施。

人力资源社会保障行政部门实施监督检查时，监督检查人员不得少于2人，应当出示执法证件，并对被检查单位的商业秘密予以保密。

对人力资源社会保障行政部门依法进行的监督检查，被检查单位应当配合，如实提供相关资料和信息，不得隐瞒、拒绝、阻碍。

第三十五条　人力资源社会保障行政部门采取随机抽取检查对象、随机选派执法人员的方式实施监督检查。

监督检查的情况应当及时向社会公布。其中，行政处罚、监督检查结果可以通过国家企业信用信息公示系统或者其他系统向社会公示。

第三十六条　经营性人力资源服务机构应当在规定期限内，

向人力资源社会保障行政部门提交经营情况年度报告。人力资源社会保障行政部门可以依法公示或者引导经营性人力资源服务机构依法公示年度报告的有关内容。

人力资源社会保障行政部门应当加强与市场监督管理等部门的信息共享。通过信息共享可以获取的信息，不得要求经营性人力资源服务机构重复提供。

第三十七条 人力资源社会保障行政部门应当加强人力资源市场诚信建设，把用人单位、个人和经营性人力资源服务机构的信用数据和失信情况等纳入市场诚信建设体系，建立守信激励和失信惩戒机制，实施信用分类监管。

第三十八条 人力资源社会保障行政部门应当按照国家有关规定，对公共人力资源服务机构进行监督管理。

第三十九条 在人力资源服务机构中，根据中国共产党章程及有关规定，建立党的组织并开展活动，加强对流动党员的教育监督和管理服务。人力资源服务机构应当为中国共产党组织的活动提供必要条件。

第四十条 人力资源社会保障行政部门应当畅通对用人单位和人力资源服务机构的举报投诉渠道，依法及时处理有关举报投诉。

第四十一条 公安机关应当依法查处人力资源市场的违法犯罪行为，人力资源社会保障行政部门予以配合。

第六章 法律责任

第四十二条 违反本条例第十八条第一款规定，未经许可擅自从事职业中介活动的，由人力资源社会保障行政部门予以关闭或者责令停止从事职业中介活动；有违法所得的，没收违法所得，并处 1 万元以上 5 万元以下的罚款。

违反本条例第十八条第二款规定，开展人力资源服务业务未备案，违反本条例第二十条、第二十一条规定，设立分支机构、办理变更或者注销登记未书面报告的，由人力资源社会保障行政部门责令改正；拒不改正的，处 5 000 元以上 1 万元以下的罚款。

第四十三条 违反本条例第二十四条、第二十七条、第二十八条、第二十九条、第三十条、第三十一条规定，发布的招聘信息不真实、不合法，未依法开展人力资源服务业务的，由人力资源社会保障行政部门责令改正；有违法所得的，没收违法所得；拒不改正的，处 1 万元以上 5 万元以下的罚款；情节严重的，吊销人力资源服务许可证；给个人造成损害的，依法承担民事责任。违反其他法律、行政法规的，由有关主管部门依法给予处罚。

第四十四条 未按照本条例第三十二条规定明示有关事项，未按照本条例第三十三条规定建立健全内部制度或者保存服务台账，未按照本条例第三十六条规定提交经营情况年度报告的，由人力资源社会保障行政部门责令改正；拒不改正的，处 5 000 元以上 1 万元以下的罚款。违反其他法律、行政法规的，由有关主管部门依法给予处罚。

第四十五条 公共人力资源服务机构违反本条例规定的，由上级主管机关责令改正；拒不改正的，对直接负责的主管人员和其他直接责任人员依法给予处分。

第四十六条 人力资源社会保障行政部门和有关主管部门及其工作人员有下列情形之一的，对直接负责的领导人员和其他直接责任人员依法给予处分：

（一）不依法作出行政许可决定；

（二）在办理行政许可或者备案、实施监督检查中，索取或者收受他人财物，或者谋取其他利益；

（三）不依法履行监督职责或者监督不力，造成严重后果；

（四）其他滥用职权、玩忽职守、徇私舞弊的情形。

第四十七条 违反本条例规定，构成违反治安管理行为的，依法给予治安管理处罚；构成犯罪的，依法追究刑事责任。

第七章 附 则

第四十八条 本条例自2018年10月1日起施行。

司法部、人力资源社会保障部负责人就《人力资源市场暂行条例》答记者问*

2018年6月29日，国务院总理李克强签署国务院令，公布《人力资源市场暂行条例》（以下简称《条例》），《条例》自2018年10月1日起施行。司法部、人力资源社会保障部负责人就《条例》的有关问题回答了记者的提问。

问：《条例》的出台背景和起草过程是怎样的？

答：人力资源是经济社会发展的第一资源，人力资源市场是生产要素市场的重要组成部分。党中央、国务院高度重视人力资源市场建设。习近平总书记在党的十九大报告中指出，就业是最大的民生，要坚持就业优先战略和积极就业政策，实现更高质量和更充分就业；提供全方位公共就业服务，破除妨碍劳动力、人才社会性流动的体制机制弊端；加快建设人才强国，让各类人才的创造活力竞相迸发、聪明才智充分涌流。李克强总理强调，我国拥有世界上规模最大的人力人才资源，这是创新发展的最大"富矿"，要强化人力资源市场监管，推动人力资源自由有序流动，用市场的力量创造更多就业机会，推动经济持续健康发展。

改革开放40年来，我国人力资源市场蓬勃发展，人力资源服务领域不断拓宽，对创业就业和人力资源流动发挥了重大作

---

* 来源：中华人民共和国司法部网站（www.moj.gov.cn）。

用。原人事部、劳动保障部分别管理的人才市场、劳动力市场已整合为统一的人力资源市场，公共人力资源服务机构和经营性人力资源服务机构共同发力，成为推动就业的重要渠道。目前，全国共有人力资源服务机构 3.02 万家，从业人员 58.37 万人。2017 年全年营业总收入 1.44 万亿元，帮助 2.03 亿人次实现就业和流动。人力资源市场在迅速发展的同时，也暴露出一些迫切需要解决的问题：一是人力资源市场分别依据原人事部、劳动保障部的规章进行管理，不利于统一的人力资源市场建设；二是政府对人力资源市场的培育责任不明确、有效措施不多，人力资源市场发育水平较低；三是开展人力资源服务的许可过多，进入市场的门槛较高，不利于进一步释放市场活力；四是人力资源市场事中事后监管跟不上“放管服”改革要求，存在“黑中介”、虚假招聘等侵害单位和个人合法权益的现象，亟须通过制定《条例》规范管理。

为了贯彻落实党中央、国务院关于人力资源市场建设的重大决策部署，更好地服务于就业创业和高质量发展，实施就业优先战略和人才强国战略，人力资源社会保障部在认真调查研究、总结实践经验的基础上，起草了《条例》草案送审稿，向社会公开征求了意见，于 2016 年 9 月报请国务院审议。原国务院法制办收到送审稿后，先后两次征求中央有关单位、地方人民政府和部分行业协会的意见，赴地方进行调研，召开企业座谈会和专家论证会，会同人力资源社会保障部对送审稿进行反复研究、修改，形成了《条例》草案。2018 年全国“两会”后，司法部会同人力资源社会保障部，对《条例》草案作了进一步修改完善。2018 年 5 月 2 日，国务院常务会议审议通过《条例》草案，2018 年 6 月 29 日，国务院正式公布《条例》。

问：制定《条例》的总体思路是什么？

答：《条例》在制定思路上主要把握了以下几点：一是充分发挥市场在人力资源配置中的决定性作用，按照建立统一开放、竞争有序的人力资源市场要求，巩固人才市场与劳动力市场整合的改革成果，对公共人力资源服务机构和经营性人力资源服务机构进行统一规范；二是更好发挥政府作用，强化政府的人力资源市场培育职责，明确市场活动规范，综合运用信息公示、随机抽查、国家标准、行业自律等监管手段，确保市场活力与秩序；三是落实"放管服"改革要求，按照就业促进法的规定，将职业中介活动明确界定为行政许可事项，对其他人力资源服务项目实行备案管理；四是细化就业促进法及有关法律的规定，进一步增强制度的可操作性，对上位法已有规定的内容，《条例》不再规定。

问：《条例》对强化政府的人力资源市场培育职责，作了哪些规定？

答：为了更好地发挥政府作用，促进人力资源合理流动，《条例》规定：一是国家建立政府宏观调控、市场公平竞争、单位自主用人、个人自主择业、人力资源服务机构诚信服务的人力资源流动配置机制；二是县级以上人民政府将人力资源市场建设纳入国民经济和社会发展规划，运用区域、产业、土地等政策，推进人力资源市场建设，发展专业性、行业性人力资源市场，鼓励并规范高端人力资源服务等业态发展，建立覆盖城乡和各行业的人力资源市场供求信息系统，为求职、招聘提供服务；三是引导和促进人力资源在机关、企业、事业单位、社会组织之间以及不同地区之间合理流动，任何地方和单位不得违反国家规定设置限制流动的条件；四是鼓励开展平等互利的人力资源国际合作与交流，开发利用国际国内人力资源。

问：《条例》对落实"放管服"改革要求，有哪些亮点？

答：为了深入推进人力资源服务领域的简政放权、放管结合、优化服务，《条例》作了如下规定。一是公共人力资源服务机构应当免费提供信息发布、职业介绍、职业指导、政策法规咨询等服务。二是对经营性人力资源服务机构，根据其所从事的业务规定了不同的管理措施：从事职业中介活动的，应当取得人力资源服务许可证；开展信息的收集和发布、就业和创业指导、人力资源管理咨询、人力资源测评、人力资源培训、承接人力资源服务外包等服务的，只需向人力资源社会保障行政部门备案。三是经营性人力资源服务机构设立分支机构，变更名称、住所、法定代表人或者终止经营活动的，应当书面报告人力资源社会保障行政部门。四是人力资源社会保障行政部门应当自收到经营性人力资源服务机构从事职业中介活动的申请之日起 20 日内依法作出行政许可决定，并及时向社会公布取得行政许可或者经过备案的经营性人力资源服务机构名单及其变更、延续等情况。

问：《条例》对人力资源市场主体的权利义务和行为要求，作了哪些规定？

答：为了促进市场主体诚信守法，维护市场主体合法权益，《条例》规定：一是个人应当诚实求职，用人单位应当依法如实发布或者提供招聘信息、依法与劳动者订立劳动合同并按规定办理社会保险等相关手续，人力资源应当依法流动；二是人力资源服务机构接受委托招聘人员或者开展其他人力资源服务，不得采取欺诈、暴力、胁迫或者其他不正当手段，不得介绍单位或者个人从事违法活动；三是人力资源服务机构举办现场招聘会、开展人力资源供求信息的收集和发布、提供人力资源服务外包、通过互联网提供人力资源服务，应当遵守相应的活动准则；四是经营性人力资源服务机构应当在服务场所明示营业执照、收费标准、人力资源服务许可证等事项；五是人力资源服务机构有违法开展业务等行为的，应当依法承担法律责任。

问：《条例》对加强人力资源市场的监督管理，有哪些具体措施？

答：为了维护市场秩序，强化事中事后监管，《条例》规定：一是人力资源社会保障行政部门可以采取进入被检查单位等监督检查措施；二是监督检查采取“双随机、一公开”的方式，行政处罚、监督检查结果通过国家企业信用信息公示系统或者其他系统向社会公示；三是经营性人力资源服务机构应当依法提交经营情况年度报告，通过信息共享可以获取的信息，人力资源社会保障行政部门不得要求其重复提供；四是加强人力资源市场诚信建设，建立守信激励和失信惩戒机制，实施信用分类监管；五是人力资源服务机构应当依照规定建立党的组织并开展活动，加强对流动党员的教育监督和管理服务；六是公安机关应当依法查处人力资源市场的违法犯罪行为，人力资源社会保障行政部门予以配合；七是国家加强人力资源服务标准化建设，充分发挥人力资源服务行业协会的行业自律作用。

中华人民共和国就业促进法

（2007年8月30日第十届全国人民代表大会常务委员会第二十九次会议通过　中华人民共和国主席令第70号公布　2015年4月24日第十二届全国人民代表大会常务委员会第十四次会议修正）

目　　录

第一章　总则
第二章　政策支持
第三章　公平就业
第四章　就业服务和管理
第五章　职业教育和培训
第六章　就业援助
第七章　监督检查
第八章　法律责任
第九章　附则

第一章　总　　则

第一条　为了促进就业，促进经济发展与扩大就业相协调，促进社会和谐稳定，制定本法。

第二条 国家把扩大就业放在经济社会发展的突出位置，实施积极的就业政策，坚持劳动者自主择业、市场调节就业、政府促进就业的方针，多渠道扩大就业。

第三条 劳动者依法享有平等就业和自主择业的权利。

劳动者就业，不因民族、种族、性别、宗教信仰等不同而受歧视。

第四条 县级以上人民政府把扩大就业作为经济和社会发展的重要目标，纳入国民经济和社会发展规划，并制定促进就业的中长期规划和年度工作计划。

第五条 县级以上人民政府通过发展经济和调整产业结构、规范人力资源市场、完善就业服务、加强职业教育和培训、提供就业援助等措施，创造就业条件，扩大就业。

第六条 国务院建立全国促进就业工作协调机制，研究就业工作中的重大问题，协调推动全国的促进就业工作。国务院劳动行政部门具体负责全国的促进就业工作。

省、自治区、直辖市人民政府根据促进就业工作的需要，建立促进就业工作协调机制，协调解决本行政区域就业工作中的重大问题。

县级以上人民政府有关部门按照各自的职责分工，共同做好促进就业工作。

第七条 国家倡导劳动者树立正确的择业观念，提高就业能力和创业能力；鼓励劳动者自主创业、自谋职业。

各级人民政府和有关部门应当简化程序，提高效率，为劳动者自主创业、自谋职业提供便利。

第八条 用人单位依法享有自主用人的权利。

用人单位应当依照本法以及其他法律、法规的规定，保障劳动者的合法权益。

第九条 工会、共产主义青年团、妇女联合会、残疾人联合会以及其他社会组织，协助人民政府开展促进就业工作，依法维护劳动者的劳动权利。

第十条 各级人民政府和有关部门对在促进就业工作中作出显著成绩的单位和个人，给予表彰和奖励。

第二章 政策支持

第十一条 县级以上人民政府应当把扩大就业作为重要职责，统筹协调产业政策与就业政策。

第十二条 国家鼓励各类企业在法律、法规规定的范围内，通过兴办产业或者拓展经营，增加就业岗位。

国家鼓励发展劳动密集型产业、服务业，扶持中小企业，多渠道、多方式增加就业岗位。

国家鼓励、支持、引导非公有制经济发展，扩大就业，增加就业岗位。

第十三条 国家发展国内外贸易和国际经济合作，拓宽就业渠道。

第十四条 县级以上人民政府在安排政府投资和确定重大建设项目时，应当发挥投资和重大建设项目带动就业的作用，增加就业岗位。

第十五条 国家实行有利于促进就业的财政政策，加大资金投入，改善就业环境，扩大就业。

县级以上人民政府应当根据就业状况和就业工作目标，在财政预算中安排就业专项资金用于促进就业工作。

就业专项资金用于职业介绍、职业培训、公益性岗位、职业技能鉴定、特定就业政策和社会保险等的补贴，小额贷款担保基金和微利项目的小额担保贷款贴息，以及扶持公共就业服务等。就业专项资金的使用管理办法由国务院财政部门和劳动行政部门规定。

第十六条 国家建立健全失业保险制度，依法确保失业人员的基本生活，并促进其实现就业。

第十七条 国家鼓励企业增加就业岗位，扶持失业人员和残疾人就业，对下列企业、人员依法给予税收优惠：

（一）吸纳符合国家规定条件的失业人员达到规定要求的企业；

（二）失业人员创办的中小企业；

（三）安置残疾人员达到规定比例或者集中使用残疾人的企业；

（四）从事个体经营的符合国家规定条件的失业人员；

（五）从事个体经营的残疾人；

（六）国务院规定给予税收优惠的其他企业、人员。

第十八条 对本法第十七条第四项、第五项规定的人员，有关部门应当在经营场地等方面给予照顾，免除行政事业性收费。

第十九条 国家实行有利于促进就业的金融政策，增加中小企业的融资渠道；鼓励金融机构改进金融服务，加大对中小企业的信贷支持，并对自主创业人员在一定期限内给予小额信贷等扶持。

第二十条 国家实行城乡统筹的就业政策，建立健全城乡劳动者平等就业的制度，引导农业富余劳动力有序转移就业。

县级以上地方人民政府推进小城镇建设和加快县域经济发

展，引导农业富余劳动力就地就近转移就业；在制定小城镇规划时，将本地区农业富余劳动力转移就业作为重要内容。

县级以上地方人民政府引导农业富余劳动力有序向城市异地转移就业；劳动力输出地和输入地人民政府应当互相配合，改善农村劳动者进城就业的环境和条件。

第二十一条　国家支持区域经济发展，鼓励区域协作，统筹协调不同地区就业的均衡增长。

国家支持民族地区发展经济，扩大就业。

第二十二条　各级人民政府统筹做好城镇新增劳动力就业、农业富余劳动力转移就业和失业人员就业工作。

第二十三条　各级人民政府采取措施，逐步完善和实施与非全日制用工等灵活就业相适应的劳动和社会保险政策，为灵活就业人员提供帮助和服务。

第二十四条　地方各级人民政府和有关部门应当加强对失业人员从事个体经营的指导，提供政策咨询、就业培训和开业指导等服务。

第三章　公平就业

第二十五条　各级人民政府创造公平就业的环境，消除就业歧视，制定政策并采取措施对就业困难人员给予扶持和援助。

第二十六条　用人单位招用人员、职业中介机构从事职业中介活动，应当向劳动者提供平等的就业机会和公平的就业条件，不得实施就业歧视。

第二十七条　国家保障妇女享有与男子平等的劳动权利。

用人单位招用人员，除国家规定的不适合妇女的工种或者岗位外，不得以性别为由拒绝录用妇女或者提高对妇女的录用标准。

用人单位录用女职工，不得在劳动合同中规定限制女职工结婚、生育的内容。

第二十八条 各民族劳动者享有平等的劳动权利。

用人单位招用人员，应当依法对少数民族劳动者给予适当照顾。

第二十九条 国家保障残疾人的劳动权利。

各级人民政府应当对残疾人就业统筹规划，为残疾人创造就业条件。

用人单位招用人员，不得歧视残疾人。

第三十条 用人单位招用人员，不得以是传染病病原携带者为由拒绝录用。但是，经医学鉴定传染病病原携带者在治愈前或者排除传染嫌疑前，不得从事法律、行政法规和国务院卫生行政部门规定禁止从事的易使传染病扩散的工作。

第三十一条 农村劳动者进城就业享有与城镇劳动者平等的劳动权利，不得对农村劳动者进城就业设置歧视性限制。

第四章 就业服务和管理

第三十二条 县级以上人民政府培育和完善统一开放、竞争有序的人力资源市场，为劳动者就业提供服务。

第三十三条 县级以上人民政府鼓励社会各方面依法开展就业服务活动，加强对公共就业服务和职业中介服务的指导和监督，逐步完善覆盖城乡的就业服务体系。

第三十四条 县级以上人民政府加强人力资源市场信息网络及相关设施建设，建立健全人力资源市场信息服务体系，完善市场信息发布制度。

第三十五条　县级以上人民政府建立健全公共就业服务体系，设立公共就业服务机构，为劳动者免费提供下列服务：

（一）就业政策法规咨询；

（二）职业供求信息、市场工资指导价位信息和职业培训信息发布；

（三）职业指导和职业介绍；

（四）对就业困难人员实施就业援助；

（五）办理就业登记、失业登记等事务；

（六）其他公共就业服务。

公共就业服务机构应当不断提高服务的质量和效率，不得从事经营性活动。

公共就业服务经费纳入同级财政预算。

第三十六条　县级以上地方人民政府对职业中介机构提供公益性就业服务的，按照规定给予补贴。

国家鼓励社会各界为公益性就业服务提供捐赠、资助。

第三十七条　地方各级人民政府和有关部门不得举办或者与他人联合举办经营性的职业中介机构。

地方各级人民政府和有关部门、公共就业服务机构举办的招聘会，不得向劳动者收取费用。

第三十八条　县级以上人民政府和有关部门加强对职业中介机构的管理，鼓励其提高服务质量，发挥其在促进就业中的作用。

第三十九条　从事职业中介活动，应当遵循合法、诚实信用、公平、公开的原则。

用人单位通过职业中介机构招用人员，应当如实向职业中介机构提供岗位需求信息。禁止任何组织或者个人利用职业中介活动侵害劳动者的合法权益。

第四十条 设立职业中介机构应当具备下列条件：

（一）有明确的章程和管理制度；

（二）有开展业务必备的固定场所、办公设施和一定数额的开办资金；

（三）有一定数量具备相应职业资格的专职工作人员；

（四）法律、法规规定的其他条件。

设立职业中介机构应当在工商行政管理部门办理登记后，向劳动行政部门申请行政许可。

未经依法许可和登记的机构，不得从事职业中介活动。

国家对外商投资职业中介机构和向劳动者提供境外就业服务的职业中介机构另有规定的，依照其规定。

第四十一条 职业中介机构不得有下列行为：

（一）提供虚假就业信息；

（二）为无合法证照的用人单位提供职业中介服务；

（三）伪造、涂改、转让职业中介许可证；

（四）扣押劳动者的居民身份证和其他证件，或者向劳动者收取押金；

（五）其他违反法律、法规规定的行为。

第四十二条 县级以上人民政府建立失业预警制度，对可能出现的较大规模的失业，实施预防、调节和控制。

第四十三条 国家建立劳动力调查统计制度和就业登记、失业登记制度，开展劳动力资源和就业、失业状况调查统计，并公布调查统计结果。

统计部门和劳动行政部门进行劳动力调查统计和就业、失业登记时，用人单位和个人应当如实提供调查统计和登记所需要的情况。

第五章　职业教育和培训

第四十四条　国家依法发展职业教育，鼓励开展职业培训，促进劳动者提高职业技能，增强就业能力和创业能力。

第四十五条　县级以上人民政府根据经济社会发展和市场需求，制定并实施职业能力开发计划。

第四十六条　县级以上人民政府加强统筹协调，鼓励和支持各类职业院校、职业技能培训机构和用人单位依法开展就业前培训、在职培训、再就业培训和创业培训；鼓励劳动者参加各种形式的培训。

第四十七条　县级以上地方人民政府和有关部门根据市场需求和产业发展方向，鼓励、指导企业加强职业教育和培训。

职业院校、职业技能培训机构与企业应当密切联系，实行产教结合，为经济建设服务，培养实用人才和熟练劳动者。

企业应当按照国家有关规定提取职工教育经费，对劳动者进行职业技能培训和继续教育培训。

第四十八条　国家采取措施建立健全劳动预备制度，县级以上地方人民政府对有就业要求的初高中毕业生实行一定期限的职业教育和培训，使其取得相应的职业资格或者掌握一定的职业技能。

第四十九条　地方各级人民政府鼓励和支持开展就业培训，帮助失业人员提高职业技能，增强其就业能力和创业能力。失业人员参加就业培训的，按照有关规定享受政府培训补贴。

第五十条　地方各级人民政府采取有效措施，组织和引导进城就业的农村劳动者参加技能培训，鼓励各类培训机构为进城就业的农村劳动者提供技能培训，增强其就业能力和创业能力。

第五十一条 国家对从事涉及公共安全、人身健康、生命财产安全等特殊工种的劳动者，实行职业资格证书制度，具体办法由国务院规定。

第六章 就业援助

第五十二条 各级人民政府建立健全就业援助制度，采取税费减免、贷款贴息、社会保险补贴、岗位补贴等办法，通过公益性岗位安置等途径，对就业困难人员实行优先扶持和重点帮助。

就业困难人员是指因身体状况、技能水平、家庭因素、失去土地等原因难以实现就业，以及连续失业一定时间仍未能实现就业的人员。就业困难人员的具体范围，由省、自治区、直辖市人民政府根据本行政区域的实际情况规定。

第五十三条 政府投资开发的公益性岗位，应当优先安排符合岗位要求的就业困难人员。被安排在公益性岗位工作的，按照国家规定给予岗位补贴。

第五十四条 地方各级人民政府加强基层就业援助服务工作，对就业困难人员实施重点帮助，提供有针对性的就业服务和公益性岗位援助。

地方各级人民政府鼓励和支持社会各方面为就业困难人员提供技能培训、岗位信息等服务。

第五十五条 各级人民政府采取特别扶助措施，促进残疾人就业。

用人单位应当按照国家规定安排残疾人就业，具体办法由国务院规定。

第五十六条 县级以上地方人民政府采取多种就业形式，拓宽公益性岗位范围，开发就业岗位，确保城市有就业需求的家庭至少有一人实现就业。

法定劳动年龄内的家庭人员均处于失业状况的城市居民家庭，可以向住所地街道、社区公共就业服务机构申请就业援助。街道、社区公共就业服务机构经确认属实的，应当为该家庭中至少一人提供适当的就业岗位。

第五十七条 国家鼓励资源开采型城市和独立工矿区发展与市场需求相适应的产业，引导劳动者转移就业。

对因资源枯竭或者经济结构调整等原因造成就业困难人员集中的地区，上级人民政府应当给予必要的扶持和帮助。

第七章 监督检查

第五十八条 各级人民政府和有关部门应当建立促进就业的目标责任制度。县级以上人民政府按照促进就业目标责任制的要求，对所属的有关部门和下一级人民政府进行考核和监督。

第五十九条 审计机关、财政部门应当依法对就业专项资金的管理和使用情况进行监督检查。

第六十条 劳动行政部门应当对本法实施情况进行监督检查，建立举报制度，受理对违反本法行为的举报，并及时予以核实处理。

第八章 法律责任

第六十一条 违反本法规定，劳动行政等有关部门及其工作人员滥用职权、玩忽职守、徇私舞弊的，对直接负责的主管人员和其他直接责任人员依法给予处分。

第六十二条 违反本法规定，实施就业歧视的，劳动者可以向人民法院提起诉讼。

第六十三条 违反本法规定，地方各级人民政府和有关部门、公共就业服务机构举办经营性的职业中介机构，从事经营性职业中介活动，向劳动者收取费用的，由上级主管机关责令限期改正，将违法收取的费用退还劳动者，并对直接负责的主管人员和其他直接责任人员依法给予处分。

第六十四条 违反本法规定，未经许可和登记，擅自从事职业中介活动的，由劳动行政部门或者其他主管部门依法予以关闭；有违法所得的，没收违法所得，并处一万元以上五万元以下的罚款。

第六十五条 违反本法规定，职业中介机构提供虚假就业信息，为无合法证照的用人单位提供职业中介服务，伪造、涂改、转让职业中介许可证的，由劳动行政部门或者其他主管部门责令改正；有违法所得的，没收违法所得，并处一万元以上五万元以下的罚款；情节严重的，吊销职业中介许可证。

第六十六条 违反本法规定，职业中介机构扣押劳动者居民身份证等证件的，由劳动行政部门责令限期退还劳动者，并依照有关法律规定给予处罚。

违反本法规定，职业中介机构向劳动者收取押金的，由劳动行政部门责令限期退还劳动者，并以每人五百元以上二千元以下的标准处以罚款。

第六十七条 违反本法规定，企业未按照国家规定提取职工教育经费，或者挪用职工教育经费的，由劳动行政部门责令改正，并依法给予处罚。

第六十八条 违反本法规定，侵害劳动者合法权益，造成财产损失或者其他损害的，依法承担民事责任；构成犯罪的，依法追究刑事责任。

第九章　附　　则

第六十九条　本法自 2008 年 1 月 1 日起施行。

人力资源社会保障部　国家发展改革委
财政部关于加快发展人力资源服务业的意见

（2014 年 12 月 25 日　人社部发〔2014〕104 号）

各省、自治区、直辖市及新疆生产建设兵团人力资源社会保障厅（局）、发展改革委、财政（财务）厅（局），副省级市人力资源社会保障局、发展改革委、财政局：

为贯彻落实《国家中长期人才发展规划纲要（2010—2020 年）》（中发〔2010〕6 号）和《国务院关于加快发展生产性服务业促进产业结构调整升级的指导意见》（国发〔2014〕26 号）等文件的部署和要求，促进人力资源服务业持续健康发展，现提出如下意见。

一、重要意义

人力资源服务业是为劳动者就业和职业发展，为用人单位管理和开发人力资源提供相关服务的专门行业，主要包括人力资源招聘、职业指导、人力资源和社会保障事务代理、人力资源培训、人才测评、劳务派遣、高级人才寻访、人力资源外包、人力资源管理咨询、人力资源信息软件服务等多种业务形态。伴随着人力资源配置市场化改革进程，我国人力资源服务业从无到有，取得长足发展，多元化、多层次的人力资源服务体系初步形成。

但总体看，规模偏小、实力不强、专业化程度不高、支撑保障能力不足，还难以有效满足产业结构调整升级的需要，以及经济社会发展对人力资源服务的需求，亟待加快发展。

人力资源服务业具有高技术含量、高人力资本、高成长性和辐射带动作用强等特点，关系各类劳动者就业创业和职业发展，关系企事业单位的人力资源管理和创新能力提升，是国家确定的生产性服务业重点领域。加快发展人力资源服务业，是优先开发与优化配置人力资源，建设人力资源强国的内在要求，是实现更加充分和更高质量就业的重要举措，对于推动经济发展方式向主要依靠科技进步、劳动者素质提高、管理创新转变具有重要意义。

二、总体要求

（一）指导思想

全面落实党的十八大和十八届三中、四中全会精神，以邓小平理论、“三个代表”重要思想、科学发展观为指导，深入贯彻习近平总书记系列重要讲话精神，按照党中央、国务院关于实施人才强国战略、就业优先战略和大力发展服务业的决策部署，紧紧围绕转变经济发展方式、实现产业结构优化升级对人力资源开发配置的需要，以产业引导、政策扶持和环境营造为重点，不断完善人力资源服务体系，提升人力资源开发配置水平，激发市场主体活力，为经济社会可持续发展提供强有力的人力资源支撑保障。

（二）基本原则

市场主导，需求引领。发挥市场在人力资源配置中的决定性作用和更好发挥政府作用，面向多样化、多层次人力资源服务需求，鼓励各类人力资源服务机构提供专业化、规范化、标准化优质高效的人力资源服务。

鼓励创新，提升服务。强化科技支撑，鼓励发展新兴服务业态，开发服务产品，拓展服务内容，创新服务方式，提升人力资源服务供给水平。

深化改革，增强活力。加快人力资源市场体制改革，处理好政府与市场的关系，增强行业发展的内生动力。

依法管理，规范发展。加大政策支持力度，加强宣传引导，坚持促进发展与规范管理两手抓，在鼓励发展的同时，保障市场规范运行。

（三）发展目标

到 2020 年，建立健全专业化、信息化、产业化、国际化的人力资源服务体系，实现公共服务充分保障，市场经营性服务逐步壮大，高端服务业务快速发展，服务社会就业创业与人力资源开发配置能力明显提升。

——规模逐步壮大。人力资源服务业结构更加合理，服务主体进一步多元化，各类业态发展协同性进一步增强，从业人员达到 50 万人，产业规模超过 2 万亿元。

——服务能力明显提升。人力资源服务市场化水平和国际竞争力大幅提升，服务产品日益丰富，服务质量显著提升，规模化、品牌化和网络化水平不断提高。

——发展环境不断优化。统一规范灵活的人力资源市场进一步健全，体制机制充满活力，政策法规体系、诚信服务体系、服务标准体系基本建立，监管机制规范高效。

三、重点任务

（一）发展各类人力资源服务机构。坚持政府引导、市场运作、科学规划、合理布局，构建多层次、多元化的人力资源服务机构集群，增加人力资源服务供给。支持通过兼并、收购、重组、联盟、融资等方式，重点培育一批有核心产品、成长性好、竞争力强的人力资源服务企业集团，发挥大型人力资源服务机构的综合性服务功能。鼓励发展有市场、有特色、有潜力的中小型专业人力资源服务机构，积极发展小型微型人力资源服务企业。到2020年，重点培育形成20家左右在全国具有示范引领作用的龙头企业和行业领军企业。

（二）增强人力资源服务创新能力。实施人力资源服务能力提升计划，推进人力资源服务领域的管理创新、服务创新和产品创新。鼓励人力资源服务企业设立研发机构，加强人力资源服务理论、商业模式、关键技术等方面的研发和应用，丰富服务渠道和服务模式。加强人力资源服务业信息化建设，鼓励运用云计算和大数据等技术，推动人力资源服务业务应用和移动互联网的进一步结合。培育服务需求，鼓励用人单位通过人力资源服务企业引进高端急需紧缺人才和购买专业化的人力资源服务。引导人力资源服务企业打破“大而全”“小而全”的格局，细化专业分工，向价值链高端延伸，重点鼓励人力资源外包、高级人才寻访、人才测评、人力资源管理咨询等新兴业态快速发展。

（三）培育人力资源服务品牌。鼓励企业注册和使用自主人力资源服务商标，开展自主品牌建设，形成一批知名企业和著名品牌。支持人力资源服务企业参选本地区服务业重点企业名录。建立人力资源服务机构分类和评估指标体系，组织开展人力资源服务水平等级认证工作。举办人力资源服务供需对接、服务产品推介等活动，搭建人力资源服务品牌推广平台。

（四）推进人力资源服务业集聚发展。加强人力资源服务产业园的统筹规划和政策引导，依托重大项目和龙头企业，培育创新发展、符合市场需求的人力资源服务产业园，形成人力资源公共服务枢纽型基地和产业创新发展平台。加强园区建设，完善和落实产业园扶持政策，加大招商力度，充分发挥园区培育、孵化、展示、交易功能，促进人力资源服务业集聚发展和产业链延伸。加强园区管理，制定完善园区管理办法。重点在全国范围内建设一批有规模有影响、布局合理、功能完善的人力资源服务产业园。

（五）加强人力资源服务业人才队伍建设。加大人力资源服务业高层次人才的培养引进力度，将其纳入相关人才计划和人才引进项目，享受相关优惠政策。实施人力资源服务业领军人才培养计划，加强人力资源服务机构经营管理人员研修培训，依托著名高校、跨国公司，建立人力资源服务培训基地和实训基地，多层次、多渠道培养和引进人力资源服务业急需的高层次人才。开展人力资源服务业专业技术人员继续教育，纳入专业技术人才知识更新工程。完善人力资源服务业从业人员和相关服务领域的职业水平评价制度，加大职业培训力度，提高从业人员专业化、职业化水平，打造一支素质优良、结构合理的人力资源服务业人才队伍。

（六）加强人力资源服务业管理。依法实施人力资源服务行政许可，加强事中事后监管，将设立人力资源服务机构许可由工商登记前置审批改为后置审批，优化流程，提高效率。探索建立企业年度报告公示和经营异常名录等制度。深入推进人力资源服务机构诚信体系建设，健全诚信管理制度。加快人力资源服务标准化建设，建立健全包括基础术语、机构评价、服务规范、人员资质、服务技术在内的人力资源服务标准体系。鼓励各地和行业协会开展人力资源服务新兴业态标准的研究工作。建立人力资源市场信息共享和综合执法制度，充分利用信息跟踪、市场巡查、受理投诉举报等监管手段，加大监管力度。

（七）推进公共服务与经营性服务分离改革。深化人力资源市场体制改革，实现人力资源市场领域的管办分离、政企分开、事企分开、公共服务与经营性服务分离。推进政府所属公共就业和人才服务机构设立的人力资源服务企业脱钩，鼓励以委托经营、公司性改造、吸引社会资本等多种方式，推行产权制度改革，完善法人治理结构，真正成为自主经营实体，加快社会化、市场化改制步伐。对具有经营优势的，要注意保持服务品牌，鼓励其做大做强，发挥示范带动作用。

（八）夯实人力资源服务业发展基础。完善行业统计调查制度，逐步建立科学、统一、全面的人力资源服务业统计制度，建立覆盖各级的人力资源服务机构数据库，加强数据的分析与应用。定期发布人力资源服务业行业发展报告，引导行业发展。培育发展人力资源服务行业协会组织，充分发挥行业协会在行业代表、行业自律、行业协调等方面的功能。加强人力资源服务业的理论研究和宣传，扩大人力资源服务业的知名度、美誉度和社会影响力。

四、政策措施

（一）加大财政支持力度。研究通过中央财政服务业发展专项资金、国家服务业发展引导资金对人力资源服务业发展重点领域、薄弱环节和生产性服务业创新团队给予支持。有条件的地方也应通过现有资金渠道，加大对人力资源服务业发展的支持力度，并探索采取政府股权投入、建立产业基金等市场化方式，切实提高资金使用效率。

（二）落实税收优惠政策。加快推进营业税改征增值税改革，消除人力资源服务中间环节的重复征税问题。人力资源服务企业的总、分机构不在同一县（市），但在同一省（区、市）范围内的，经省财政、税务部门批准，可由总机构汇总申报缴纳增值税。符合离岸服务外包业务免税条件的人力资源服务企业，提供离岸服务外包业务免征增值税。在国务院批准的 21 个中国服务外包示范城市内的人力资源服务企业，符合现行税收政策规定的技术先进型服务企业条件的，经认定后，可按规定享受税收优惠政策。

（三）拓宽投融资渠道。鼓励符合条件的人力资源服务企业进入资本市场融资，支持符合条件的人力资源服务企业上市或发行集合信托以及公司债、企业债、集合债、中小企业私募债等公司信用类债券融资。进一步放宽人力资源服务业的市场准入，鼓励各类社会资本以独资、合资、收购、参股、联营等多种形式，进入人力资源服务领域，提高人力资源服务领域的社会资本参与程度。

（四）完善政府购买人力资源公共服务政策。各地要从实际出发，逐步将适合社会力量承担的人力资源服务交给社会力量。要稳步推进政府向社会力量购买人力资源服务，研究将人力资源服务纳入政府购买服务的指导目录，明确政府购买人力资源服务种类、性质和内容，并在总结经验的基础上及时进行动态调整。通过竞争择优的方式选择承接政府购买人力资源服务的社会力量，确保具备条件的社会力量平等参与竞争。要建立健全政府向社会力量购买人力资源服务各项制度，切实提高财政资金使用效率，加强监督检查和科学评估。

（五）扩大对外开放与交流。加强国际交流合作，稳步推进人力资源市场对外开放，积极构建公平稳定、透明高效、监管有力、与国际接轨的人力资源服务业外商投资管理体制。深入推进与香港、澳门、台湾地区的人力资源服务合作。鼓励有条件的本土人力资源服务机构“走出去”，与国际知名人力资源服务机构开展合作，在境外设立分支机构，大力开拓国际市场，积极参与国际人才竞争与合作。

（六）健全法律法规体系。加快制定人力资源市场条例及配套规章，完善体现权利公平、机会公平、规则公平的人力资源市场法律法规体系。依法全面履行政府职能，着力打破人力资源市场中存在的地区封锁、市场分割等各种壁垒，纠正设置行政壁垒、分割市场、妨碍公平竞争的做法。鼓励各地按照建立统一规范灵活的人力资源市场要求，制定完善相关法规。建设专业化、职业化的高素质人力资源市场执法队伍，提升市场执法和监管水平。加大人力资源市场法律法规宣传力度，营造良好舆论氛围。

促进人力资源服务业发展是一项综合性工作，涉及面广，各地要加强人力资源服务业发展的组织领导，建立健全促进人力资源服务业发展的工作机制，协同配合，形成合力。要探索建立由政府分管领导牵头的工作协调机制，进一步加强人力资源服务业的统筹规划，及时研究解决人力资源服务业发展中的重大问题。要研究制定本地区推进人力资源服务业发展配套政策，将人力资源服务业发展纳入本地区服务业和人才工作综合考核评价体系，确保促进人力资源服务业发展的各项举措落到实处。

人力资源社会保障部关于印发人力资源服务业发展行动计划的通知

（2017年9月29日　人社部发〔2017〕74号）

各省、自治区、直辖市及新疆生产建设兵团人力资源社会保障厅(局)，外交部、国家发展改革委、教育部、工业和信息化部、财政部、商务部、国家税务总局、国家工商行政管理总局办公厅：

为贯彻落实国务院《“十三五”促进就业规划》和《关于做好当前和今后一段时期就业创业工作的意见》关于实施人力资源服务业发展行动计划的有关要求，我们研究制定了《人力资源服务业发展行动计划》，现印发给你们，请各地和有关部门高度重视，结合实际情况，制定具体实施方案，抓好组织落实，确保各项任务顺利完成。

人力资源服务业发展行动计划

人力资源是推动经济社会发展的第一资源。人力资源服务业是生产性服务业和现代服务业的重要组成部分，对推动经济发展、促进就业创业和优化人才配置具有重要作用。近年来，人力资源服务业快速发展，新模式、新业态不断涌现，服务产品日益丰富，服务能力进一步提升，但与我国经济社会发展对人力资源服务业的要求相比，与世界先进水平相比，还有一定差距。为贯彻落实国务院《“十三五”促进就业规划》、国务院《关于做好当前和今后一段时期就业创业工作的意见》关于实施人力资源服务业发展行动计划的有关要求，制定本行动计划。

一、总体要求

（一）指导思想

全面贯彻党的十八大和十八届三中、四中、五中、六中全会精神，深入贯彻习近平总书记系列重要讲话精神和治国理政新理念新思想新战略，围绕贯彻实施就业优先战略和人才强国战略，充分发挥市场在人力资源配置中的决定性作用和更好发挥政府作用，以产业引导、政策扶持和环境营造为重点，健全管理制度，完善服务体系，提高服务质量，推动人力资源服务业快速发展，为实现充分就业和优化配置人力资源，促进经济社会发展，提供优质高效的人力资源服务保障。

（二）基本原则

市场主导，政府推动。发挥市场在人力资源配置中的决定性作用，推进统一规范的人力资源市场建设，鼓励各类人力资源服务机构适应市场需求，提供优质高效的人力资源服务。更好发挥政府作用，完善人力资源市场法规制度体系，加强人力资源市场监管，处理好政府与市场的关系，促进公共服务和经营性服务协同发展。

融合创新，集聚发展。鼓励人力资源服务企业向价值链高端发展，推动跨界融合，探索新兴业态，开发服务产品，拓展服务内容，创新服务方式，提升人力资源服务供给水平。发挥人力资源服务业的集聚效应，建设人力资源公共服务枢纽型基地和产业创新发展平台。

促进交流，开放合作。坚持国际国内两个市场协调发展，落实国家构建开放型经济新体制的要求，营造良好投资环境，积极引进国际知名人力资源服务品牌。加大国际交流与合作力度，鼓励国内人力资源服务机构走出去，积极开拓国际业务。

（三）目标任务

到2020年，基本建立专业化、信息化、产业化、国际化的人力资源服务体系，实现公共服务有效保障、经营性服务逐步壮大，服务就业创业与人力资源开发配置能力显著提高，人力资源服务业对经济增长贡献率稳步提升。

产业规模进一步增长。到2020年，产业规模达到2万亿元。培育形成100家左右在全国具有示范引领作用的行业领军企业。培育一批有特色、有规模、有活力、有效益的人力资源服务产业园。

行业结构进一步优化。人力资源服务行业结构更加合理，服务主体进一步多元化，服务业态更加丰富，产品附加值显著提高，各类业态协调发展。

人才队伍进一步壮大。不断提高从业人员专业化、职业化水平。培养行业领军人才，加大行业高层次人才培养和引进力度。到2020年行业从业人员达到60万人，领军人才达到1万名左右。

服务能力进一步提升。人力资源服务市场化、专业化水平和国际竞争力大幅提升，服务方式不断改进，服务质量明显提升，规模化、品牌化和信息化水平不断提高，为“一带一路”建设、“京津冀协同发展”等国家重大战略提供人力资源支撑保障能力显著增强。

二、主要内容

实施骨干企业培育计划、领军人才培养计划、产业园区建设计划和“互联网+”人力资源服务行动、诚信主题创建行动、“一带一路”人力资源服务行动，进一步改善发展环境，培育市场主体，推进业态创新，加快开放合作。

（一）骨干企业培育计划

坚持政府引导、市场运作、科学规划、合理布局，支持通过兼并、收购、重组、联盟等方式，重点培育一批有核心产品、成长性好、具有国际竞争力的综合性人力资源服务骨干企业。加快发展有市场、有特色、有潜力的专业化人力资源服务骨干企业，引导人力资源服务企业细化专业分工，向价值链高端延伸。鼓励开展高级人才寻访、人力资源管理咨询、人力资源服务外包等服务的企业，按照产业结构转型升级的要求加快发展。鼓励企业注册和使用自主人力资源服务商标，开展自主品牌建设，形成一批知名企业和著名品牌。支持人力资源服务企业参选本地区服务业重点企业名录和高新技术企业名录。发挥国有控股人力资源服务企业示范引导作用。鼓励有条件的地方通过设立人力资源服务业发展基金等多种方式，扶持人力资源服务骨干企业发展。

（二）领军人才培养计划

着力提高从业人员专业化、职业化水平，建设一支素质优良、结构合理的人力资源服务业人才队伍。加大人力资源服务业高层次人才培养力度，依托著名高校、职业院校、大型企业、跨国公司，建立人力资源服务培训基地和实训基地，开展行业高层次人才培训。实施人力资源服务业领军人才研修计划，举办高研班，开展学术交流和研修活动。加大高层次人才引进力度，将其纳入国家和地方有关人才计划和人才引进项目，享受相关优惠政策。建立行业领军人才库，及时准确全面地掌握行业领军人才情况。加强人力资源服务业理论研究，鼓励有条件的高校培养人力资源服务业方向的专业硕士，加大专业学术人才培养力度。

（三）产业园区建设计划

加强顶层设计和统筹规划，以国家中心城市、区域中心城市以及国家级新区、高新技术开发区、经济技术开发区、边境经济合作区、跨界经济合作区等产业聚集区域为依托，继续抓紧培育建设一批有规模、有辐射力、有影响力的国家级人力资源服务产业园。鼓励有条件的地区根据本地经济发展和产业转型需要，培育建设一批有特色、有活力、有效益的地方产业园。探索园区管理模式创新，提升园区建设水平，充分发挥园区集聚发展和辐射带动作用。加强园区管理，落实产业园在税收、资金、工商、土地用房等方面的政策，充分发挥园区培育、孵化、展示、交易功能。开展人力资源服务产业园建设评估，对已经建成运行的产业园进行考核评估，总结园区平台建设、管理服务、机制创新、服务创新等方面的成效与经验。

（四）“互联网+”人力资源服务行动

落实国家“互联网+”发展战略要求，推动人力资源服务和互联网的深度融合，积极运用大数据、云计算、移动互联网、人工智能等新技术，促进人力资源服务业创新发展、融合发展。加强人力资源服务信息化建设，构建人力资源信息库，实现数据互联互通，信息共享。鼓励人力资源服务企业设立研发机构，加强服务手段、商业模式、关键技术的研发和推广应用。鼓励人力资源服务企业与互联网企业开展技术合作，支持互联网企业跨界兼营人力资源服务业务。进一步加强行业交流，鼓励地方搭建人力资源服务业创新发展平台，举办人力资源服务供需对接、服务产品推介等活动。支持人力资源服务企业运用互联网技术探索开展与金融、教育、医疗等行业的跨界服务模式。推进人力资源服务业信息化基础设施建设，健全信息安全保护制度。

（五）诚信主题创建行动

持续推动人力资源服务行业诚信体系建设，围绕诚信服务树品牌、规范管理促发展，深入开展人力资源服务机构诚信主题创建行动，打造一批“全国人力资源诚信服务示范机构”，发挥先进典型在市场管理和行业发展中的引领带动作用。鼓励各地结合实际开展选树人力资源诚信服务示范机构活动。围绕推进诚信体系建设，加快构建守信激励和失信惩戒的良好制度环境，建立健全人力资源服务机构信用记录，纳入全国信用信息共享平台，形成诚实守信、规范发展的共同理念和良好氛围，不断提升诚信服务、优质服务水平。

（六）“一带一路”人力资源服务行动

围绕服务“一带一路”建设战略，积极构建公平稳定、透明高效、监管有力、接轨国际的人力资源服务业外商投资管理体制。稳步推进人力资源市场对外开放，引进我国市场急需的海外人力资源服务企业，加强与国际知名人力资源服务机构的合作。加强与“一带一路”沿线国家人力资源服务交流合作，鼓励吸引“一带一路”沿线国家人力资源服务业在我国投资设立人力资源服务企业。支持国内人力资源服务企业为“一带一路”沿线国家在我国设立的企业提供人力资源服务。根据对等开放原则，积极推动降低市场准入壁垒，鼓励有条件的人力资源服务企业在“一带一路”沿线国家设立分支机构，大力开拓国际市场，构建全球服务网络，为我国企业“走出去”承接国际服务，提供特色化、精细化人力资源服务。积极搭建“一带一路”人力资源服务国际交流合作平台，在“一带一路”国际合作高峰论坛框架下，推动举办人力资源服务业国际合作论坛。

三、组织实施

（一）加强组织领导

各地要加强组织领导，将发展人力资源服务业纳入本地经济社会发展规划和就业、人才、服务业发展规划，统筹谋划人力资源服务业发展。健全工作机制，加强与组织、发改、财政、工商、税务等部门的协调，协同配合，形成合力，及时研究解决人力资源服务业发展中的重大问题。加强对人力资源服务业发展的考核评价，确保落实促进人力资源服务业发展的各项措施。

（二）加大支持力度

各地要结合实际，制定人力资源服务业行动计划实施方案，出台有针对性的政策措施。落实人力资源服务业发展的税收相关政策。鼓励和引导经营性人力资源服务机构参与社会公益服务。稳步推进政府向社会力量购买人力资源服务，研究推动将人力资源服务纳入政府购买服务的指导目录，明确政府购买人力资源服务种类、性质和内容。有条件的地方要投入专项资金，对重点领域和薄弱环节给予支持。推动人力资源服务企业积极进入资本市场。进一步放宽人力资源服务业市场准入，鼓励社会资本进入人力资源服务领域。

（三）营造良好发展环境

贯彻落实国务院“放管服”改革要求，依法规范实施人力资源服务行政许可，进一步简化优化审批流程，提高服务的便捷性和可及性。加强人力资源市场事中事后监管，实施随机抽查，建立年度报告公示制度。强化劳动保障监察执法，持续开展清理整顿人力资源市场秩序专项行动，加大对网络招聘平台的监管力度，严肃查处违法违规行为。加强人力资源服务标准化建设，建立健全标准体系。加强人力资源服务机构能力建设，探索建立人力资源服务机构等级评价体系。建立人力资源市场供求预测和信息发布制度，编撰人力资源服务业发展报告。实施西部和东北地区人力资源市场建设援助计划。培育发展各类人力资源服务行业协会，充分发挥行业协会作用。

（四）加强宣传引导

各地要加强对人力资源服务业的宣传，充分发挥各级人力资源社会保障网站第一平台作用，积极探索利用政务微博、微信和手机 App 等新媒体手段，不断提高宣传的有效性和影响力。鼓励各地和行业协会举办人力资源服务业发展博览会、人力资源服务业创新创业大赛、人力资源服务发展论坛等活动。丰富宣传内容，创新宣传形式，注意总结人力资源服务业在促进就业创业、优化人才开发和服务经济发展等方面发挥的重要作用，扩大人力资源服务业的知名度、美誉度和社会影响力。